AF340917

LES IDÉES DE Mme AUBRAY

Comédie d'Alexandre Dumas fils.

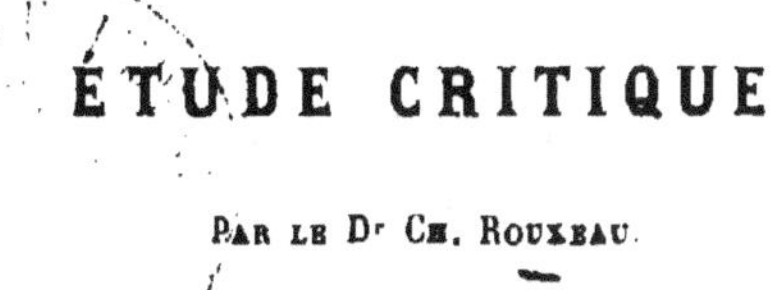

ÉTUDE CRITIQUE

Par le D^r Ch. Rouxeau.

Ah ! n'insultez jamais une femme qui tombe...
V. Hugo.

Il suffit de jeter un coup-d'œil autour de soi pour être frappé d'un phénomène qui rappelle les plus mauvais jours de Louis XV, alors que l'orgie et la démoralisation, descendant du haut de l'échelle sociale, dévoraient en plein soleil les couches supérieures de notre société, et leur préparaient une ruine irrémédiable. Mais une caste seule, pour employer un mot désormais vieilli, était atteinte d'une sorte de gangrène sénile ; les autres classes sentaient leur cœur battre sous l'influence d'un sang pur et jeune ; elles croyaient à quelque chose, à la morale, à la religion, à Dieu ; le foyer domestique, l'amour, le mariage se ressentaient de cette croyance. Aujourd'hui, les classes moyennes ont pris à leurs devancières les vices qui avaient préparé leur triomphe ; aujourd'hui nous pouvons constater, comme au milieu du XVIIIe siècle, mais d'une manière bien autrement générale, l'entrée violente et victorieuse de la courtisane dans notre régime social. Ce n'est plus à la dérobée qu'elle se glisse dans la vie du jeune homme et de l'homme marié ; c'est carrément qu'elle affirme sa prise de possession, qu'elle lutte, aux yeux de l'adolescent, avec la pure jeune fille dont un jour il ne saura plus parler la langue et qu'il démoralisera peut-être sans le savoir ; aux yeux de l'homme marié avec l'épouse à qui elle servira de modèle, et qu'elle dépassera en beauté, peut-être en esprit et en dévouement chevaleresque. Lisez le *Roman de la Duchesse* et *Mademoiselle Cléopâtre,* ils vous résumeront nettement la situation : l'auteur qui a signé ces deux livres a vu et bien vu le monde interlope dont il dépeint si vivement les astres fugitifs et funestes.

Sauf quelques exceptions malheureusement trop rares, l'homme est, en général, fort mal élevé. — Peu de bons conseils, souvent peu de bons exemples d'une père emporté par le torrent de ses affaires, surmené par une ambition absorbante ou rongé par des passions qu'il n'a pas toujours la pudeur de voiler suffisamment. — Ignorante et futile, dominée presque exclusivement par l'amour de la toilette et des fêtes, sa mère a peu d'instants à lui consacrer et n'a rien de plus pressé que de le jeter dans la vie de jeunes désœuvrés qui étouffent sous leurs sarcasmes et ruinent par leurs théories les quelques principes ramassés au hasard. Sans armes, sans plan arrêté pour la grande et douloureuse bataille de la vie, énervé par le développement trop précoce, irrationnel de son imagination, sans frein contre des sens d'autant plus puissamment surexcités, sans fil conducteur pour retourner en arrière, il a bientôt fait litière de ces principes et de ces croyances. Il a vu croître

sous cette jonchée une abondante moisson de fruits amers
qu'il cueille avec effroi. — Il n'a voulu voir dans la femme,
dans la jeune fille qu'un instrument de plaisir, un objet
de vanité. « Au lieu d'armer ces malheureuses d'un métier,
» d'un art, d'une instruction, d'une morale simple et
» compréhensible qui les garantisse contre les tentations,
» au lieu de chercher à en faire des épouses et des mères,
» il a préféré se stériliser, s'amoindrir, se priver du plus
» puissant des auxiliaires, en les réduisant au vice, à l'élé-
» gance et à l'immobilité. »

En entravant, par son indifférence ou un honteux calcul,
l'éducation des femmes, en éteignant leur sens moral dans
l'ignorance et par d'indignes suggestions, il est arrivé à
annihiler leur conscience, à rendre le mariage impossible
à beaucoup d'entre elles, comme un objet de luxe auquel
toutes n'ont pas le droit d'atteindre. Aussi voyez. La femme
« inventée par l'homme » se venge, en le dévorant et en
le déshonorant. — « Elle fait ce que font tous les déses-
» pérés : elle fait son insurrection dans l'ombre, avec les
» armes qu'elle a ; elle jette dans le fossé la poésie, la pu-
» deur, l'amour, bagage devenu inutile et embarrassant. —
» Elle monte, comme l'homme, à l'assaut des jouissances
» matérielles, elle proclame le droit au plaisir ; elle re-
» tourne l'autel pour en faire une alcôve, elle remplace le
» Dieu par je ne sais quelle guillotine dorée et elle exécute
» l'homme au milieu des danses et des rires. »

Ecoutez ce que me disait, il y a quelques instants, une
des plus brillantes divinités d'un monde dont la douleur
ouvre les portes au médecin, tout aussi bien que celles de
la mansarde et du palais. Je ne fais guère que citer :

« Ces misérables qui me montrent avec orgueil à leurs
» amis, comme un *gentlemen rider* montrerait un pur
» sang ou un *grey hound,* ils croient avoir tout fait, quand

» ils m'ont couverte d'or, de velours et de dentelles. Je
» suis aussi nécessaire à leur sotte vanité et à leur lubricité
» que l'air à leurs poumons. Ils me méprisent; ils valent
» moins que moi, je les hais et je les plume, ces pauvres
» oisons, qui m'offrent à genoux et avec reconnaissance
» dix, vingt toilettes, quand ils en accorderont une en
» grommelant à leurs femmes... Voyez ces diamants, ils
» m'ont été donnés par le comte de B. Ce sont ceux de sa
» mère : j'ai la parure entière. — Il m'eût donné le nom
» de son père, si je l'eusse voulu. — Ah ! pourtant que
» j'eusse été heureuse si, avec une autre éducation, il
» m'eût été donné de partager la médiocrité d'un homme
» aimé !... Mais bast, interrompit-elle avec un éclat de
» rire plus amer que des larmes, bast! je m'étourdis; je
» noie mes idées sombres dans le champagne, je remplis
» le vide de ma vie du bruit des fêtes, du roulement des
» voitures, du frou frou de la soie..., et je me venge, et
» je venge toutes les pauvres filles, jouées, trompées et
» devenues comme moi, un objet de plaisir, qui iront à
» l'hôpital mourir d'une mort ignoble, ou cacher un
» pauvre enfant, pendant que ceux qui les ont séduites,
» empoisonnées ou rendues mères, videront gaîment quel-
» ques flacons en compagnie de nouvelles maîtresses. »

Une réaction était attendue, indispensable : elle com-
mence à se faire. Des auteurs nombreux ont mis leur intelligence et toute leur âme au service d'un acte de justice.
Appeler l'attention et la pitié sur le sort de la femme, la
relever par l'éducation et le travail ; neutraliser les dangers
qui l'assiègent ; détruire l'indigne exploitation dont elle
est partout l'objet : tel est le but généreux que se sont
proposé Jules Simon, Er. Legouvé, Paul Touzery, etc., et
l'auteur d'une trilogie navrante, intitulée : *Le Calvaire
des femmes.* Une femme du monde, noblement enthousiaste

et systématique, a consacré toute sa vie à la défense de ses semblables , dans le présent et dans l'avenir. Le rêve de Mme Aubray est de reconstituer l'amour. Pour elle, l'amour est la première des forces vives que possède l'homme. « C'est le plus grand moyen de bonheur, de civilisation, » de perfectibilité dont il dispose, surtout en présence des » courants matérialistes qui emportent tout-à-coup les so- » ciétés vers les intérêts palpables et les jouissances immé- » diates. » Mais ce n'est pas assez de se constituer, pieuse vestale, gardienne de ce feu sacré ; ce n'est pas assez de mettre une barrière entre la faiblesse de la femme et les passions brutales de l'homme ; la noble veuve veut encore qu'une main chrétienne soit tendue à ces pauvres créatures qui se débattent, en criant au secours, au milieu des flots qui les emportent ; elle veut la réhabilitation complète par le repentir. Elle veut que l'homme , toujours le plus coupable, tende sincèrement la main à la pauvre femme qu'il a jetée dans le désordre. Elle veut faire disparaître cette morale courante de la société qui ne suffit plus aux besoins de l'humanité , et la remplacer par celle de la miséricorde et de la réconciliation. Elle s'est associé, pour cette rénovation sociale , son fils *Camille,* jeune médecin , dans l'âme duquel elle a fait passer toute son âme, toute son ardeur d'apôtre. Certes, s'il est des hommes dont la pitié, dont la générosité doivent être et soient sans bornes, ce sont , à coup sûr, ceux que leur mandat initie journellement à toutes les misères physiques et morales de la femme, à toutes les douleurs, à toutes les déchéances cachées sous d'adorables dehors que le vulgaire admire. Autour de ces deux astres jumeaux gravite , planète fidèle et dévouée, *Barantin,* brisé par un coup de foudre tombé sur le foyer domestique, et que sa vieille amie a réconcilié avec la vie et la charité. *Lucienne,* sa fille, est élevée par Mme *Aubray,* comme une mère de cette trempe élève la fiancée de son fils.

Ces quatre personnages prennent les bains de mer à Etennemare, près de Saint-Valéry-en-Caux, lorsque le hasard amène dans leur intérieur un gandin de la plus belle venue ; voici son portrait peint par lui-même :

« Tel que vous me voyez, il y a dix ans que j'emploie
» mon temps, mon intelligence et mon argent à prouver
» que je suis un imbécile. J'ai commencé par tirer mes
» manchettes comme çà, sur les boulevards. J'ai porté
» une raie au milieu du front comme les archanges, et
» jusque dans le dos comme les mulets ; je me suis occupé
» une bonne heure tous les jours de mes favoris et de
» mes moustaches...; j'ai passé des mois à jouer et des
» semaines à dormir ; j'ai payé des asperges 100 fr. la
» botte pour me faire appeler M. le comte par les garçons
» de restaurant ; je n'ai pas lu un livre de ma vie, et mon
» seul talent, celui qui m'a fait un véritable renom, c'est
» de sauter moi-même la rivière de la Marche, comme si
» j'avais quatre jambes... Je ne suis pas méchant au fond,
» j'ai été mal élevé, voilà tout. »

Dans une conversation avec Barantin, conversation vive et pétillante d'esprit comme un feu d'artifice, ce glorieux roi de l'asphalte parisien, ce rouage indispensable de la civilisation moderne, nous avait appris que sa principale occupation consistait à frapper au guichet de toutes les gares, à courir toutes les lignes de chemin de fer, aux trousses de toutes les femmes qui lui semblaient dignes d'occuper pendant une semaine les loisirs de sa précieuse existence : les femmes mariées, bien entendu ; c'est si commode, si naïf, les maris ! Quant aux jeunes filles, c'est différent ; il faudrait épouser, c'est raide et pas drôle du tout !

Un véritable steeple-chase à la poursuite d'une jeune femme inconnue a conduit *Valmoreau* à Etennemare. — Cette jeune femme qui s'entoure de mystère, que sa beauté, son isolement, la compagnie d'un charmant enfant rendent si intéressante, *Camille* l'aime depuis un an, avec une passion toujours croissante, mais qu'il renferme dignement au fond de son cœur ; car *Jeannine* lui a déclaré qu'elle n'était pas libre : cette passion va se faire jour avec la violence d'une éruption volcanique, quand après une de ces entrevues si faciles dans une petite ville de bains, et qui suivent un échange de politesse et de petits services, le jeune médecin restera convaincu que la belle inconnue est veuve. — D'ailleurs *Jeannine* intéresse vivement Mme *Aubray*, dont le salon lui est dès-lors ouvert à deux battants. — Elle est très questionneuse, Mme *Aubray* ; mais avec un peu de complaisance on excuse quelques indiscrétions dont le motif fait oublier l'inconvenance.

Hélas ! cette *Jeannine* va porter un coup mortel aux projets de mariage entre *Camille* et *Lucienne*. Le fils de Mme *Aubray* est trop sincère pour ne pas lire clairement au fond de son cœur, trop loyal pour ne pas s'en ouvrir à son futur beau-père, celui-ci trop sage et trop digne pour vouloir le maintien de son programme, quand l'amour n'est plus de la partie. — C'est cependant un noble et vaillant cœur que celui qui se cache sous la forme charmante, mais un peu trop enfantine, de cette petite *Lucienne,* un cœur éprouvé par une étude de tous les jours et dont les perfections n'ont pu échapper à un homme de la trempe de *Camille.* Mais qui peut sonder les mystérieuses attractions de l'amour ? Qui résoudra jamais les étranges problèmes de la sympathie qui lie éternellement deux organisations parfois si disparates ? Quelles qualités, quels défauts peut-être, développent cette sympathie, comme les deux élec-

tricités opposées développent une irrésistible attraction ?
— Comment expliquer l'ascendant inouï qu'exerce, souvent
à tout jamais, même sur un cœur honnête et intelligent,
une créature dont les qualités physiques et morales sup-
porteraient difficilement l'analyse ? Pourquoi cette tyran-
nique et douloureuse prise de possession ? Je me contente
de poser cette question, car la solution la plus probable,
à mon point de vue, me donne quelque épouvante et quelque tristesse...

Quoi qu'il en soit, le ciel s'est à peine ouvert aux yeux
enchantés de *Camille,* que *Jeannine* vient faire ses adieux
à Mme *Aubray.* C'est encore une pauvre enfant que l'absence
totale d'éducation, de sens moral, peut-être de mauvais
conseils, la détresse et la vue des souffrances qui assiégent
sa mère veuve et infirme, ont jeté tout naturellement dans
les bras de quelque bienfaiteur intéressé. — Elle est deve-
nue la maîtresse de ce bienfaiteur, par reconnaissance, mais
sans amour et sans remords, comme s'il s'agissait de l'action la plus simple du monde ; et quand cet homme l'a
quittée, elle et son enfant, pour se marier, rien ne s'est
révolté chez elle : son ancien amant continuait à pourvoir
à ses besoins, elle n'en a pas demandé davantage. — Elle
raconte tout cela à Mme *Aubray,* avec un calme et une
naïveté qui prouvent qu'elle n'a pas conscience des mons-
truosités qu'elle débite et qui ne m'expliquent pas bien, je
l'avoue, l'exquise délicatesse de sa démarche. Non-seule-
ment elle ne veut pas imposer à son amie d'un jour des
relations compromettantes, mais elle ne veut pas encou-
rager l'amour de *Camille,* amour qu'elle partage, elle
l'avoue, sans oser en nommer l'objet à sa mère. Mais
Mme *Aubray* n'est pas femme à lâcher une bonne action.
C'est une âme à sauver, une créature à réhabiliter, une
conversion à demi-accomplie par l'amour, à compléter par

le repentir, le travail et l'espérance. *Jeannine* est sa chose :
elle ne peut abdiquer devant la lutte qui se prépare. La
pauvre jeune femme, entraînée et transformée par la parole
ardente de *Mme Aubray*, accepte toutes les réparations
qui lui sont imposées. Elle ne verra plus son amant,
demandera au seul travail les éléments d'existence pour
elle et son enfant... A ces conditions, la maison de
Mme Aubray lui reste ouverte. Courage, lui dit la mère de
Camille qui lui fait entrevoir la possibilité d'épouser un
jour celui qu'elle aime ; courage ! « Le jour où vous serez
» ce que je suis, vous serez plus que moi. »

A peine *Jeannine* est-elle sortie, que *Tellier,* son amant,
vient, *en ami,* engager *Mme Aubray* à jeter à la porte une
fille de bas lieu, une intrigante qui s'est glissée chez elle
sous des dehors hypocrites... Il ne parvient qu'à livrer
son propre secret, à démasquer sa lâcheté et à se faire
rudement éconduire lui-même. Et l'on dit que la femme
tombe plus bas que l'homme !...

Mais continuons : nous avons vu la théorie de *Mme
Aubray ;* nous allons en voir l'application.

Valmoreau étourdi, subjugué par l'enthousiasme de
Camille pour les idées de sa mère, vient faire, devant
Mme Aubray, amende honorable de sa conduite passée.
— « La grâce me touche, dit-il, et je ne demande plus
» qu'à être saint Paul ou saint Augustin. — Indiquez-moi
» seulement ce qu'il y a à faire. »

Mme Aubray, qui a cru deviner dans les paroles de
Jeannine que c'est *Valmoreau* qu'elle aime et dont elle
est aimée, trompée d'ailleurs par la poursuite du gandin,
déclare à ce dernier que le premier pas à faire dans son
nouveau rôle d'apôtre, c'est de se marier, c'est d'épouser
une charmante jeune femme..... qui a fait une faute, qui a
eu un enfant d'un homme vivant encore et marié..... —

« Jour de Dieu ! Madame, s'écrie *Valmoreau* en bondis-
» sant, mais c'est une épreuve de franc-maçonnerie à
» laquelle vous me soumettez-là. Dites-moi bien vite que
» les cadavres sont en carton et qu'il n'y a rien dans les
» pistolets..... »

« Ah ! reprend avec véhémence Mme Aubray, l'homme
» qui veut que l'on croie à son repentir doit en donner
» une preuve éclatante..... Une jeune fille pure, riche,
» belle, qu'il aimera, dont il sera aimé, qui lui apportera
» la famille, la considération, le bonheur, ce n'est pas une
» punition, c'est une récompense. — Quelle lutte aura-t-il
» à soutenir avec les autres et avec lui-même ? Quels pré-
» jugés aura-t-il à vaincre ? Quel bon exemple aura-t il à
» donner à ceux qui en ont reçu de lui tant de mauvais ?
» Aucun ! Et maintenant s'il se trouve une femme que
» cette fausse morale de la société, ou la misère, ou la
» faiblesse, ou les mauvais exemples, aient entraînée mo-
» mentanément dans le mal, mais pour laquelle, puisqu'elle
» est femme, on appelle crime ce que pour vous on appelle
» légèreté, si cette femme se repent aussi sincèrement que
» vous, si elle a déjà même trouvé en elle, en elle seule,
» les forces nécessaires pour se relever, si elle a fourni les
» preuves de son repentir, si elle vous aime, si vous l'ai-
» mez, si votre amour, votre indulgence, votre nom à
» vous, honnête homme plus coupable qu'elle au fond,
» peuvent la sauver définitivement, de quel droit les lui refu-
» serez-vous ! Ah ! je sais bien. Il y a le monde, il y a la
» faute connue, il y a dans le passé un fait qui humilie,
» il y a un homme qui gêne, un souvenir qui brûle ! Et
» vous, n'êtes-vous pas ce même fait, ce même homme,
» ce même souvenir pour d'autres coupables ! Combien de
» femmes vous retrouvent dans leur passé, qui seraient
» peut-être heureuses et respectées si vous n'y étiez pas !

» Eh bien ! le moment est venu de la réparation. Tendez
» la main, la main droite, à cette faible créature. Relevez-
» la tout-à-fait..... dites-vous dans votre conscience : oui,
» cette femme a été coupable, et moi aussi je l'ai été. J'ai
» brisé dix, vingt existences de femmes peut-être ; j'en
» sauve une, je ne suis pas encore quitte avec Dieu. —
» Ayez le courage du bien comme vous avez eu le courage
» du mal, et c'est moi qui vous le dis, les honnêtes gens
» seront avec vous. Ce n'est pas tout le monde, mais c'est
» quelqu'un..... »

Elle quitte alors *Valmoreau* foudroyé par cette logique
écrasante à laquelle l'homme ne songe jamais. — « C'est
égal, s'écrie-t-il, c'est raide ! » — Heureusement, la Provi-
dence vient au secours du pauvre gandin ahuri, déconte-
nancé, éperdu et qui ne voit de salut que dans le chemin
de fer. — *Camille* en effet profite de sa présence pour faire
à *Jeannine* une déclaration brûlante à laquelle la malheu-
reuse enfant ne répond que par ses larmes. — Demandez
à votre mère, dit-elle, je ferai ce qu'elle voudra.

Voilà donc Mme Aubray prise entre l'implacable logique
de ses principes et tout ce qu'il y a de plus vivace, de plus
intraitable dans le cœur d'une mère. — « Dieu veuille, lui
» a dit Barantin, dans une chaude discussion, Dieu veuille
» que vous n'ayez pas un jour à demander à *Camille* une
» concession qu'il ne pourra vous faire. »

Après avoir donné à *Lucienne* un congé brutal qui ferait
douter de son cœur et même de son éducation, *Camille*
demande à sa mère l'autorisation d'épouser *Jeannine*. Un
cri d'étonnement et d'épouvante est la seule réponse qu'il
reçoive.

Impossible ! J'en appelle à toutes les mères ! s'écrie
Mme Aubray, chez laquelle se révoltent tous les instincts de
la femme, toutes les orgueilleuses tendresses de la mère,

tous les préjugés sociaux. Impossible ! Sais-tu quelle est cette femme ?..... Bien qu'atteint en pleine poitrine par cette révélation, aussi accablante qu'inattendue, *Camille* se relève vaillamment et trouve dans son cœur des arguments d'une logique irrésistible.

Cette femme, tu la trouvais bonne pour Valmoreau, pourquoi ne l'est-elle pas pour ton fils ?..... Tu l'as absoute, tu la recevais, tu l'estimais donc ? — Tu as encouragé l'amour dans le secret duquel elle t'a mise. — « Lui as-tu » dit que le cœur de l'homme doit être impitoyable, que » le repentir est vrai peut-être, mais que le pardon ne » l'est pas ? Lui as-tu dit de désespérer, de douter de » tout enfin ?..... Cette pauvre femme qui pleure, car elle » a compris que tu t'es trompée, tu devras lui dire que, » dans ce monde, il faut immoler certains principes éter- » nels à certains devoirs sociaux. » — Madame Aubray est restée muette en présence de l'alternative nâvrante d'unir son fils à une Madeleine repentante, ou de souffleter violemment les principes de toute sa vie, les théories proclamées avec une si bruyante conviction, les idées imposées à son entourage avec tant d'éloquence. Elle reste brisée, anéantie devant le sourire narquois de *Barantin;* c'est en vain que *Valmoreau,* prêt à un acte sublime et insensé, se déclare tout disposé à épouser *Jeannine.* — Mme *Aubray* n'a que juste assez de force pour lui demander pardon d'un conseil qu'elle n'eût jamais donné à son fils, et qui dès-lors était de sa part une erreur ou une mauvaise action. — Mais *Jeannine* vient au secours de la mère découragée : elle mourra en souriant, si Mme *Aubray* croit sa mort utile au bonheur de *Camille.* — La pauvre enfant ne voit pas de séparation plus sûre, et pourtant elle abordera sans hésiter un sacrifice plus cruel encore. Devant *Camille* qu'elle fait appeler, elle a recours au plus sublime men-

songe : « Il y a, dit-elle, des femmes qui se jettent dans
» tous les désordres et qui en arrivent à ne plus rougir
» des faits et à ne plus se souvenir des noms. J'ai été une
» de ces femmes. Je vous l'avoue et je vous quitte. Soyez
» sans regret, Monsieur Camille, je ne vous ai même pas
» aimé. »

Mme Aubray, vaincue, la serre dans ses bras en l'appelant
sa fille. — « Eh bien ! crie-t-elle à Barantin, elle est venue
» la lutte ; je l'ai accompli, le sacrifice, et je suis fière
» d'avoir été choisie pour la réhabilitation de la femme.
» J'aurai la joie d'avoir été la première. — Et le chagrin
» d'avoir été la seule, riposte Barantin. »

« — Admirable ! » exclame Valmoreau.

« — Oui, mais c'est raide ! » murmure encore son vieil
ami, qui veut avoir le dernier mot.

C'est raide ! Et pourtant c'est l'affirmation de la loi
d'amour et de pardon ; c'est le corollaire de l'absolution
tombée des lèvres du Christ sur la femme adultère humi-
liée et repentante, aux yeux des Pharisiens scandalisés ;
c'est la conséquence forcée de l'émancipation du sexe faible
si longtemps asservi au despotisme de l'homme. — C'est
la négation du principe de la force qui a si longtemps régi
les sociétés et que mine de plus en plus la marée mon-
tante des idées civilisatrices.

C'est raide ! Et pourtant cette affirmation, ce corollaire,
il faut les accepter ou avouer en rougissant qu'il y a des
formules sociales qu'on doit se contenter de penser tout
bas et qu'on ne doit pas dire tout haut ; que cette égalité
de la femme devant Dieu, devant la justice, devant la morale, n'est qu'un vain mot, une monnaie courante qu'un
galant homme fait circuler dans un salon, mais dont il ne
se paie pas lui-même, un pantin pour amuser la galerie et

dont il tire les ficelles en riant. — Eh quoi ! ce qui est éternellement juste, éternellement vrai dans les sphères célestes, deviendrait en ce bas monde une erreur insoutenable devant l'intérêt du plus fort ! Ce que l'homme, dans son orgueil, qualifie de peccadille ; ce dont il se fait un titre de gloire, un piédestal pour parader aux yeux d'un public envieux, il en fera pour la femme un crime irrémissible, que n'effaceront ni le repentir, ni le travail, ni d'admirables exemples !

Elle aura d'autant moins droit de tomber qu'elle est plus faible, plus ignorante, plus assiégée !

C'est raide ! Le droit imprescriptible de tous les hommes à la liberté, l'égalité du maître et de l'esclave n'étaient-ils pas quelque chose de plus raide encore pendant l'ère des Césars ? Les aspirations de la majorité de la population française à l'égalité des droits civils et politiques ne paraissaient-elles pas, il y a un siècle, quelque chose de risible, pour ne pas dire de monstrueux, aux yeux des classes privilégiées ? — Sommes-nous bien sûrs qu'un nouveau 89, en faveur des revendications de la femme, n'obligera pas l'homme à faire, dans une nouvelle nuit du 4 août, le sacrifice de ses excessives prétentions sur l'autel de l'amour et de la justice ?

Nos mœurs, direz-vous, ne peuvent accepter une telle transaction. — C'est vrai, et voilà pourquoi *Mme Aubray* recule d'abord devant une application de ses principes qui froisse des préjugés, des instincts, des idées sociales acquises dès l'enfance et auxquelles son rôle d'apôtre ne peut imposer silence. Voilà pourquoi, mauvais chrétiens que nous sommes, nous reculerions tous comme elle en criant anathème. Voilà pourquoi notre orgueil et nos intérêts nous dictent des capitulations de conscience dont nous gémissons intérieurement. — Voilà pourquoi, par exemple, tout en réprouvant le duel, tant d'hommes qui s'abstiendraient sagement, si la galerie n'excitait leur faux point d'honneur, vont chercher dans le sang d'un indifférent, ou même d'un ami, la réparation d'une insulte problématique qu'eût dédaignée la civilisation gréco-romaine.

Une absolution aussi complète encouragerait le désordre des femmes, en leur promettant l'oubli et leur rentrée dans le monde, au moindre signe de repentir... Mais le pardon que le Christ a promis au pécheur converti a-t-il augmenté le nombre des crimes? A cette voix miséricordieuse élevée sur le Golgotha, n'a-t-on pas vu, au contraire, le genre humain régénéré fendre

avec Lazare,
De son front rajeuni la pierre du tombeau?....

Comparerez-vous avec le monde romain, corrompu jusque dans la moëlle des os, le nouveau monde chrétien épanoui sous la parole ardente des apôtres?

Il est un fait d'une certitude déplorable. Le verdict sans appel, que l'opinion publique prononce contre toute femme qui commet une faute reconnue, n'a d'autre résultat que de river à tout jamais au cou de cette infortunée la chaîne du vice. Elle n'a désormais d'autre alternative que de descendre plus ou moins rapidement tous les cercles de cet enfer auquel vous la condamnez, et de se venger d'un monde qui rit de sa chute et repousse son repentir, en brisant à son tour de nobles existences, en semant sa route de ruines et de désastres. Parmi toutes ces courtisanes qui font l'épouvante et le désespoir des familles, n'en existe-t-il pas quelques-unes qu'une main charitable aurait sauvées d'un naufrage irrémédiable,

Et qui peut-être auraient, par de longues vertus,
Fait oublier l'erreur de quelques jours perdus...

Cette impitoyable condamnation n'a-t-elle pas privé la société de quelques dignes mères de famille, de quelques sûres conseillères, de quelques ardentes propagatrices des bons principes ?

Il est difficile de se tirer de cette inexorable logique autrement que par l'explosion d'un sentiment tout de convention, auquel pourtant personne n'échappe, et que *Barantin* résume d'un mot emprunté au glossaire de *Valmoreau : C'est raide !*

Voilà pour la thèse soutenue avec tant de verve et de chaleur par A. Dumas fils. Quant à sa pièce, en elle-même, elle est simplement, mais solidement charpentée. Une intrigue finement nouée, rondement conduite, dénouée par un artifice un peu trop voyant, mais qui enlève violemment le spectateur; une action marchant à toute vapeur, malgré quelques entraves, quelques hors-d'œuvre comme le personnage de *Lucienne*, un dialogue leste, vif, étincelant d'esprit. — Mais ce qui vaut mieux que tout l'esprit du monde, c'est un splendide panégyrique de la loi de pardon et de réconciliation, c'est un plaidoyer irrésistible en faveur de la femme, de ses intérêts méconnus, de ses droits sacrifiés, de sa réhabilitation dédaigneusement refusée. — Ce sont d'admirables pages sur les désordres qu'entraîne la dépravation et dont une si large part revient aux calculs lâches et pervers de l'homme. Toute cette partie, que j'appellerai la philosophie du drame d'A. Dumas, est traitée avec une véhémence et une logique qui n'ont jamais été dépassées, qui n'ont peut-être pas été égalées.

Je voudrais pouvoir louer sans réserve tous les principaux caractères qui se heurtent dans cette pièce. *Mme Aubray* est le type achevé de la femme douée d'un grand cœur et d'une grande intelligence, qui s'est constituée l'apôtre d'une idée généreuse, et dont l'enthousiasme ne recule devant aucune des conséquences, si excessive qu'elle soit, où l'entraîne l'ardeur d'une vertueuse conviction. Ce personnage vous captive et vous maîtrise; car il est vivant, il est **vrai** dans sa profession de foi, vrai dans sa prédication qui n'admet aucun de ces lâches compromis avec lesquels l'homme bâillonne souvent sa conscience, vrai surtout dans la défaillance d'un moment dont aucune mère n'aurait pu se défendre.

Un observateur moins profond, moins intelligent, nous eût peut-être montré une Spartiate inflexible dont rien n'eût altéré le calme apparent. — L'héroïne d'A. Dumas cache une femme dont le cœur saigne, dont les nerfs tressaillent et qu'un cri de douleur nous rend plus attachante encore. — *Camille* est le héros taillé à l'antique, qui devait sortir des mains d'une telle mère; mais cet homme de bronze, qu'aucune mauvaise passion n'a effleuré, dont l'âme tranquille, comme le lac le plus pur, n'a frissonné sous le souffle d'aucune mauvaise pensée; cet homme à qui la plus rude secousse, l'évanouissement de rêves tendrement caressés ne fait pas perdre l'équilibre un seul instant; cette vertu singulière nous étonne et nous inquiète. Notre amour-propre voudrait trouver quelque défaut qui nous fît pardonner l'admirable perfection de l'archange.

Barantin est l'honnête homme qui n'a pas encore fait son deuil d'un désastre immérité, et qui trouve toujours ce désastre en travers des bonnes actions que lui dicte un noble et sage caractère.

Valmoreau me cause une certaine surprise : ce pantin spirituel et dépravé, qui ne s'est jamais douté qu'un cœur battît dans sa poitrine; qui a passé sa vie à commettre des crimes odieux avec autant de tranquillité que s'il fumait un cigare; qui a laissé ses convictions, ses principes, sa sensibilité dans les coulisses, dans les tripots, dans les hippodrômes; ce gandin blasé, gangrené, sceptique et railleur qui se convertit à la première sommation; qui renonce avec componction à cette existence si douce, à ses courses en chemin de fer, à ses bonnes fortunes de wagon, et qui offre même d'épouser *Jeannine;* ce personnage me fait l'effet d'une boîte à surprise. Que l'on donne son nom à la maîtresse de *Tellier* quand on l'aime éperdûment, quand on a nourri pendant un an dans son cœur une flamme dévorante, je le veux bien; mais que l'on pousse le repentir jusqu'à se marier sans amour avec une pareille femme, délaissée et pauvre, c'est une expiation dont l'héroïsme n'est pas dans les moyens du gandin de Paris.

J'en dirai autant du caractère de *Jeannine.* Une jeune fille au cœur ardent et généreux qui se livre dans le paroxysme de la passion ou qui, sans entraînement des sens, vient avec désespoir mettre son honneur en gage, pour épargner à sa mère vieille et infirme les tortures de la faim, acceptera avec empressement la main généreuse qui lui est tendue, pour sortir de l'abîme, avec d'autant plus d'empressement peut-être, qu'elle aura vu de plus près les angoisses du vice, qu'abandonnée et trahie, rien n'aura adouci la douleur de sa chute. Mais une créature dénuée de sens moral, qui se livre à un bienfaiteur intéressé, sans joie et sans amour, qui s'est fait, pendant six ans, un doux oreiller de son inconduite, qui en parle comme d'une chose toute simple, qui paraît étonnée des reproches affectueux de Mme *Aubray,* me cause une véritable stupéfaction, quand aux premiers mots d'une inconnue elle dépouille son enveloppe grossière pour s'envoler vers les régions séraphiques; quand elle aborde, comme d'instinct, les vertus les plus sublimes, les plus héroïques sacrifices. Ce personnage n'est pas vrai; il est composé de parties disparates qui jurent de se voir ensemble. Je regrette que l'auteur ait trop forcé ses contrastes : il a fait un trompe-l'œil qui luit faux à cent pas, auquel un homme de goût ne se laissera pas prendre, et qui gâte une des œuvres théâtrales les plus remarquables de l'époque.

2 octobre 1867.

Extrait des Annales de la Société Académique de Nantes.

Nantes, Mᵐᵉ vᵉ C. Mellinet, Imprimeur, place du Pilori, 5.